Armin Täubner

Zwack, der kleine Zwerg

Fensterbilder aus Tonkarton

frechverlag

Und so wird's gemacht

Bild 1: *Sämtliche Teile Ihres Zwergenmotives werden ohne Überschneidungen auf Transparent- oder Butterbrotpapier abgepaust. Anschließend kleben Sie das Pauspapier auf Karton.*

Bild 3: *Nun legen Sie Ihre Schablonen auf Tonkarton der entsprechenden Farbe. Die Umrisse mit Bleistift sorgfältig nachziehen und dann die Teile mit einer Schere und/oder einem Cutter ausschneiden.*

Bild 2: *Die Teile werden mit einer Schere oder einem Cutter (auf einer Schneideunterlage) exakt ausgeschnitten.*

Bild 4: *Die Teile entsprechend der Vorlage bzw. dem Foto anordnen und zusammenkleben. Nach Lust und Laune können Sie Ihren Zwerg dann noch plustern.*

Fotos: frechverlag GmbH + Co. Druck KG, D-70499 Stuttgart, Birgitt Gutermuth

Auflage: 5. 4. 3. 2. 1. Letzte Zahlen
Jahr: 1998 97 96 95 94 maßgebend

frechverlag GmbH + Co. Druck KG, D-70499 Stuttgart

ISBN 3-7724-1813-9 · Best.-Nr. 1813

Druck: frechverlag GmbH + Co. Druck KG, D-70499 Stuttgart

Jeder kennt sie, die Gartenzwerge, die mit der roten Mütze und dem weißen Bart zwischen den Büschen und Beeten im Vorgarten sitzen.

Und die Fensterzwerge? Die kennen Sie nicht?? Das ist eigentlich nicht weiter verwunderlich, denn bisher haben die Fensterzwerge sehr zurückgezogen gelebt. Aber – das soll sich ändern! Denn langsam haben diese kleinen Gesellen es satt, daß niemand sie kennt!! Schließlich haben sie genau wie die Gartenzwerge auch eine rote Mütze und einen prächtigen weißen Bart. Nur das Material unterscheidet sich ein kleines bißchen: Fensterzwerge bestehen aus farbenfrohem Tonkarton, hübsch verziert mit Plusterfarbe. Sie sehen – es gibt keinen Grund, warum diese Zwergengattung sich nicht so richtig offiziell an Ihrem Fenster breitmachen darf! Und deshalb hat Zwack, der kleine Zwerg, beschlossen, Sie einmal mit in den Alltag eines echten Fensterzwerg-Jahres zu nehmen – damit Sie nie wieder sagen müssen, Sie kennen die Fensterzwerge nicht!

Eine rote Mütze, ein weißer Bart – allerdings noch ein bißchen ungekämmt – und eine hübsche Tupfenhose: Das ist Zwack, der kleine Zwerg! Er ist ein ganz besonderer Zwerg, er gehört nämlich zu den Fensterzwergen, die aus Tonkarton bestehen und an Ihrem Fenster ein neues Zuhause suchen. Der kleine Mann hat sich vorgenommen, Ihnen einmal einiges aus dem Alltag eines Fensterzwerges zu erzählen, und da ist so im Laufe des Jahres allerhand viel los!

Der Tag beginnt

Die Mütze an das Kopf-Körper-Teil anlegen und das Haar-Bart-Teil samt Ohr aufkleben – damit sind die beiden Teile verbunden!
Aber Achtung: Im unteren Bereich darf der Bart noch nicht fixiert werden, weil Sie hier später den linken Arm unterschieben müssen.

Als nächstes wird die Unterhose mit Filzstift verziert und auf den Zwergenrumpf geklebt. Die Beine von Zwack trennen Sie mit einer schwarzen Linie.
Auf das Hosenteil werden die Öffnungen und die Knöpfe aufgemalt (durchgezogene Linien).
Und zum Schluß nimmt Zwack die Hose in die Hände, wofür Sie den linken Arm anbringen müssen. Und weil es noch so früh ist, hat Zwack sich auch noch nicht gekämmt: Da wirkt der weiße Pluster-Pen besonders gut!

Blumenpflege

Gleich nach dem Frühstück macht Zwack sich an die Gartenarbeit – Zwerge lieben Blumen, und Fensterzwerge noch viel mehr, denn oft sind sie an den Fenstern von wunderbaren Blüten umrahmt. Der Rundgang zu seinen Blumen gehört bei Zwack jeden Morgen unbedingt dazu. Vergessen? Nein, das gibt es nicht! Und wenn er einmal, einmal in vielleicht drei Jahren morgens nicht zu seinen Blumen darf, weil er krank im Bett liegt, dann wird Zwack gleich noch viel kränker!

An den Gesichtsausschnitt des Mützen-Jacken-Teils legen Sie das Gesichtsteil an und kleben das Haar-Bart-Teil auf. Anschließend sind das Ohr und das aufgemalte Gesicht an der Reihe.

An der roten Jacke wird von hinten das Hosenteil samt Schuhteil befestigt; mit einer schwarzen Linie trennen Sie jeweils die Hosenbeine und die Schuhe. Wenn Sie den Ärmel mit der dahintergeklebten Hand fixiert haben, bekommt Zwack seine Gießkanne. Bei dieser guten Pflege tragen die beiden Sträucher viele Blüten, die Sie am besten mit einer Zackenschere ausschneiden. Und dann geht's ans Plustern.

Auf zur Arbeit

So, das war der angenehme Teil des Morgens, nun geht's zur Arbeit!

Zuerst einmal muß Zwack sein Boot ins Wasser lassen, heute gibt es am anderen Ufer einiges zu tun, denn es ist Spätsommer, und da müssen schon die ersten Vorbereitungen für den Herbst und den eiskalten Winter getroffen werden!

Das Gesicht von Zwack legen Sie in den V-förmigen Ausschnitt des Mützen-Jacken-Teils und bringen dann das weiße Haar-Bart-Teil an. Darauf sitzt das Ohr, das Gesicht wird aufgemalt.

Den Zwergenrumpf von hinten am kleinen Bootsteil (gestrichelte Linie) befestigen. Die beiden Beine müssen Sie aufeinanderkleben und so von hinten am kleinen Bootsteil anbringen, daß die Knie über dem Bootsrand noch sichtbar sind.

Am kleinen Bootsteil wird dann ebenfalls von hinten das große Teil (durchgezogene Linie) angebracht, das heißt, der Zwerg befindet sich zwischen den beiden Bootsteilen. Mit einem Tuschefüller oder einem schwarzen Filzstift den Verlauf der Bootsplanken und die Holzmaserung aufmalen.

An den Ärmeln vom Zwack werden von hinten die Hände fixiert; den rechten Ärmel befestigen Sie von vorne am Rumpf, wobei noch das Paddel daruntergeschoben werden muß. Erst dann bringen Sie das separate Fingerteil der linken Hand an. Und wie wär's mit Plustern?

Frühstückspause

Rudern ist ganz schön anstrengend, deshalb muß der kleine Zwerg jetzt erst einmal eine kleine Pause machen. Natürlich darf da auch die Zeitung nicht fehlen, sonst ist die Frühstückspause keine richtige Frühstückspause! Und was gibt's denn Neues in der großen Zwergenwelt?

Das Gesichtsteil (punktierte Linie) in den Ausschnitt des Jacken-Mützen-Teils legen und das Haar-Bart-Teil (durchgezogene Linie) aufkleben. Anschließend bekommt Zwack das Ohr und sein aufgemaltes Gesicht.

An der roten Jacke bringen Sie von hinten das grüne Hosenteil und daran das Schuhteil an. Die Schuhe und die Hosenbeine trennen Sie jeweils durch eine schwarze Linie.

Als nächstes wird der Pilz zusammengeklebt, damit Zwack einen Platz für seine Frühstückspause hat.

Die Zeitung arbeiten Sie als ein Teil; mit dünnen schwarzen Linien werden die oberen Seitenränder angedeutet. Wenn Sie den linken Ärmel mit der Hand anbringen, müssen Sie dabei die Zeitung darunterschieben. Und dann fehlen noch die Pluster-Verzierungen!

Heute hat Zwack sich allerhand vorgenommen: Zuerst muß er ein großes Loch graben, denn heute ist Sammlertag – heute legt Zwack seine ersten Wintervorräte an, die gut versteckt sein wollen. Hoffentlich kann er sich die ganzen Löcher merken, im letzten Winter hat er fast den ganzen Wald umgegraben, weil er vergessen hat, wo er die Vorräte versteckt hatte…

Der erste Spatenstich

Das Gesicht (punktierte Linie) in die Gesichtsöffnung des Mützen-Jacken-Teils legen und das Haar-Bart-Teil aufkleben; damit sind die beiden Teile verbunden. Anschließend bekommt Zwack sein linkes Ohr und ein aufgemaltes Gesicht.

An der roten Jacke von hinten die Hose samt Schuhen befestigen.

Den Ärmel müssen Sie doppelt ausschneiden und von hinten die Hände daran fixieren. Dann werden die Ärmel an der roten Jacke befestigt: der rechte von hinten, der linke von vorn. Zwischen den Händen sitzt der zweiteilige Spaten; erst jetzt bringen Sie an der rechten Hand noch das separate Fingerteil (durchgezogene Linie) an.

Und nun, ran an die Arbeit!

Auf der Suche

Und dann geht's los auf Wanderschaft: Zwack macht sich auf die Suche nach allem, was ihm im Winter über die kalten Monate hinweghelfen kann, Beeren, Früchte, Pilze… Zuerst einmal muß er die richtigen Stellen finden, morgen wird er dann mit dem Schubkarren wiederkommen und alles einsammeln. War dort hinten an dem großen Baum letztes Jahr nicht eine große Beerenhecke?

Das Gesichtsteil an die Gesichtsöffnung des Mützen-Jacken-Teils anlegen und die beiden Teile dann mit dem weißen Haar-Bart-Teil verbinden. Geben Sie Zwack sein Ohr und die Pfeife, und natürlich bekommt er mit dem Filzstift noch das Auge und das Ohrinnere.

An der roten Jacke von vorne zuerst den Tragriemen, dann den Rucksack und schließlich den linken Ärmel samt Hand befestigen. Anschließend ist die Hose an der Reihe: Sie wird mit den Schuhen von hinten an der Jacke fixiert. Jetzt fehlen nur noch der Wanderstock und die grüne Wiese, dann macht sich Zwack auf die Suche.

Aber ja: Die Äste biegen sich unter der schweren Last, und Zwack bringt in den folgenden Tagen so viele Beeren zu seinem Vorratsloch, wie er nur kann – einfach wunderbar! Und auf dem Weg hat er dazu auch noch unzählige Pilze entdeckt, die seinen Speiseplan im Winter auch noch ergänzen werden, ... nur die Stelle muß er sich merken!

An den Gesichtsausschnitt des Mützen-Jacken-Teils das Gesichtsteil anlegen und mit dem Haar-Bart-Teil verbinden. Nun das Ohr anbringen und das Gesicht aufmalen.

Anschließend fixieren Sie die Hose samt Schuhen von hinten, den Ärmel mit der Hand von vorne am roten Kittel. Aber denken Sie an die Schubkarre – sie muß später noch unter die Hand geschoben werden. Zuerst müssen Sie noch das zweiteilige Rad von hinten und den Korb von vorne an der Schubkarre befestigen. Dann nimmt Zwack sie in die linke Hand.

Variation:
Auf der großen Grünfläche können Sie auch zunächst die Pilze und dann erst Zwack mit seiner Schubkarre ankleben.

Lecker!

In den nächsten Tagen ist der kleine Zwerg nur mit Ernten, Schleppen, Ziehen, Tragen und Transportieren beschäftigt, und all diese Herrlichkeiten muß Zwack dann ja auch noch einkochen und gut verpacken, damit nichts verdirbt, bis im nächsten Jahr die erste Frühlingssonne am Himmel scheint. Und bei so viel Arbeit, da darf niemand Zwack übelnehmen, daß er bei einem kleinen Päuschen jetzt schon fleißig zugreift…

Den Zwergenkopf (punktierte Linie) legen Sie an den Rumpf an und kleben das Haar-Bart-Teil auf. Als nächstes das Ohr befestigen und das Gesicht aufmalen.

An der roten Jacke von Zwack wird von hinten die Hose samt Schuh, von vorne der Ärmel mit der Hand angebracht. Und weil Zwack so Hunger hat, hat er den Korb mit den Beeren auf die Wiese gestellt, setzt sich dazu, und dann beginnt die große Beeren-Mampferei!

Pflaumenernte

Und noch eine Köstlichkeit hat Zwack bei seinen langen Wanderungen und Suchaktionen gefunden: Ein riesiger Pflaumenbaum hängt voller reifer Pflaumen, die nur darauf warten, von einem kleinen Zwerg gepflückt zu werden. Das wird eine köstliche Marmelade!

In die Gesichtsöffnung der Kapuze legen Sie das Gesicht (punktierte Linie) und kleben das Haar-Bart-Teil auf. Das Ohr anbringen und das Gesicht aufmalen.

Von hinten bekommt Zwack seine Hände, die an den Ärmeln sitzen. Ebenfalls von hinten ergänzen Sie die Hose mit dem Schuhteil; die Hosenbeine und die Schuhe trennen Sie durch schwarze Linien.
Bevor Zwack seinen linken Arm bekommt, muß noch die Pflaume daruntergeschoben werden.

Mit einem weißen Pluster-Pen zum Schluß noch das weiße Haar-Bart-Teil anmalen sowie die Kleidungsstücke rot bzw. grün konturieren.

Hallo Du!

Eines muß man auch noch sagen: Zwack sorgt nicht nur für sich allein – wenn er Freunde trifft, wie zum Beispiel Stachel, den kleinen Igel, verrät er ihnen gerne, wo die schönsten Pflaumen, die saftigsten Äpfel und die schönsten Birnen zu finden sind. Denn für Zwack steht fest: Gute Freunde sind immer füreinander da!

Am dunkelbraunen Stachelkleid befestigen Sie von hinten den hellbraunen Rumpf des Igels. Die Nase und das Ohr anbringen, anschließend das Auge aufmalen.

Auf dem Stachelkleid sitzt von hinten ein knackig roter Apfel samt Stiel und Blatt.

Das Gesichtsteil von Zwack (punktierte Linie) in die Gesichtsöffnung des Mützen-Jacken-Teils legen und darauf das Haar-Bart-Teil anbringen.

Dann bekommt der kleine Zwerg sein Ohr und sein aufgemaltes Gesicht.

An der roten Jacke fixieren Sie von vorne den Ärmel samt Hand, von hinten die Hose samt Schuhteil. Die Schuhe werden noch durch eine schwarze Linie getrennt. Und dann kann auf der Grünfläche die herzliche Begrüßung stattfinden!

Das Gesichtsteil (punktierte Linie) wird an den Gesichtsausschnitt des Mützen-Jacken-Teils angelegt, und das Haar-Bart-Teil wird aufgeklebt. Nun das Ohr fixieren und das Gesicht aufmalen.
An der roten Jacke bringen Sie von hinten das Hosenteil samt Schuhteil an, die Hosenbeine und die Schuhe jeweils mit einer schwarzen Linie trennen.

Anschließend den Ärmel samt Hand befestigen.

Am Blumentopf zuerst das Blattgrün und daran die Blüten ankleben; die Blüten sollten Sie am besten mit der Zackenschere ausschneiden. Jede Blüte bekommt noch einen gelben Punkt. Und wo kann Zwack den Blumenschmuck abstellen?

Brr, nun ist es wirklich Winter geworden, die Nächte sind eiskalt. Wenn Zwack sich auf den Weg zu seinen Vorräten macht, muß er sogar kleine Pausen einlegen und sich ein bißchen am Feuer wärmen, brr!

Brr, heute ist es kalt!

Bei dieser Eiseskälte ist das Feuer das Wichtigste: Kleben Sie die drei Holzscheite aufeinander, und befestigen Sie von hinten die beiden Feuerteile.

In den Gesichtsausschnitt des Mützen-Jacken-Teils das hautfarbene Gesichtsteil legen und das Haar-Bart-Teil aufkleben. Nun fixieren Sie das Ohr und malen das Gesicht auf.

Arbeiten Sie nach der einen Vorlage zwei Ärmel, an denen von hinten die Hände sitzen, und kleben Sie sie auf.

An der Jacke von hinten noch das Hosenteil samt Schuhteil befestigen, die Hosenbeine und die Schuhe mit schwarzen Linien trennen. Und dann setzt sich Zwack ganz schnell ganz nah ans Feuer! Und bei diesen Temperaturen würde ihm Plustern besonders guttun …

Die Tage sind kurz, und die Abende sind lang. Zum Glück hat Zwack ein ganz gemütliches Zuhause, abends sitzt er oft in seinem Schaukelstuhl und denkt an die herrlichen Frühlingstage, wenn wieder die ersten Blumen sprießen und wenn in den lauen Nächten die vielen Zwergenfeste stattfinden!

Warten auf den Frühling

Den Schaukelstuhl stellen Sie als ein Teil her; lediglich ein Tuschefüller oder ein schwarzer Filzstift ist noch gefragt, wenn es darum geht, die Holzmaserung anzudeuten.

Den Kopf (punktierte Linie) an die rote Jacke anlegen und mit dem weißen Haar-Bart-Teil aufkleben. Dann bekommt Zwack noch sein Ohr und ein aufgemaltes Gesicht. An der roten Jacke fixieren Sie von hinten die Hose mit dem dahintergeklebten Schuh.

Erst wenn der kleine Zwerg im Schaukelstuhl sitzt, wird der linke Arm mit der Hand ergänzt. Und gut erzogen, wie Zwack nun einmal ist, hat er vor seinem Nickerchen die Mütze abgelegt.

Es ist spät geworden

Das Gesichtsteil (punktierte Linie) in den Gesichtsausschnitt des Mützen-Jacken-Teils legen und das Haar-Bart-Teil (gestrichelte Linie) aufkleben. Anschließend bringen Sie das Ohr an und malen das Gesicht auf.

An der Jacke wird von hinten die Hose samt Schuhen befestigt; dann ist der linke Ärmel mit der Hand an der Reihe.

Auf das schwarze Laternenteil (durchgezogene Linie) kleben Sie das weiße Glas (gestrichelte Linie), darauf den gelben Kerzenschein und schließlich die Kerze. Den Docht und die Flamme malen Sie am besten auf.

Wenn Sie am rechten Arm die Hand fixiert haben, kleben Sie die Laterne an – erst jetzt wird noch das separat gearbeitete Fingerteil (durchgezogene Linie) ergänzt.

Und endlich ist es wieder soweit – der Frühling ist da, und damit auch die vielen, vielen Zwergenfeste, wo sich alle Zwerge in der Nachbarschaft treffen. Wenn Zwack sich dann endlich verabschiedet, ist es oft schon ganz finster. Aber das kennt Zwack schon vom letzten Jahr, und deshalb hat er ja immer seine Zwergenlaterne dabei…